12·29 무안공항
제주항공 여객기 참사
추모 시집

보고 싶다는 말

12·29 무안공항
제주항공 여객기 참사
추모 시집

보고 싶다는 말

한국작가회의 엮음

아시안

차례

1 보고 싶다는 말

2 떠난 존재가 없다

1

보
고

싶
다
는

말

꿈속에서도 초여름이라

김남주

편지를 쓰려다 날짜를 잘못 적었어. 그건 내가 오늘 하루보다 더 긴 잠을 자느라 그랬지.

여름마다 우리는 자전거를 타러 강가에 가곤 했는데. 먼저 가는 너의 등, 흰 티셔츠 위로 파노라마처럼 쏟아지는 이파리의 그림자가 선명한데.

너무 멀어지면 불러도 들을 수 없는 거지.

묻고 싶은 게 있을 때마다 잠을 잤어. 꿈속에서도 초여름이라 날벌레가 들끓고. 나는 헐떡이며 너를 자꾸 불렀는데, 너는 저만치 앞에서, 묵묵히 페달만 밟고.

왜 한 번을 뒤돌아보지 않는지, 묻고 싶은데.

우리가 물결이라면 얼마나 좋을까. 내내 흘러가면

서. 얼었다가 녹고 다시 흐르면서.

나는 깨어나고 싶지 않아. 눈을 감으면
꿈속은 아직 초여름이라서.

너와 나보다 우리가 더 오래 살았으면 좋겠어.

우리 곁으로 슬픔이 착륙한다

유병록

하늘 저편에서
네가 돌아오는 중이다

곧
고도를 낮추고
활주로 미끄러져서

떠났던 곳으로
우리 곁으로
네가 도착할 것이다

너는 짐을 챙겨서
부지런히 걸어서
우리 앞에 나타날 것이다

여행 가방을 열면

우리를 위한 선물도
분명 들어 있을 것이다

선물이 비록 슬픔이어도
네가 주면 받아야지
기념품처럼 오래 간직해야지

고개 들어
하늘을 바라보면

저편에서
네가 계속 돌아오는 중이다

우리 여기 이렇게 마중 나왔으니

곧

슬픔이 안전하게 착륙할 것이다

　　시가 우는 사람을 위로할 수 있을까. 시가 넘어진 사람을 부축할 수 있을까. 아무래도 어려운 일이라고 생각하는 날이 많다. 그래도 시의 힘을 믿고 싶은 날이 있다. 어쩌면 시가 그런 힘을 발휘해주었으면 하는 바람에 불과할지도 모르지만 그 바람을 포기하고 싶지 않다.

보고 싶다는 말

권민경

우리의 짝사랑은 언제 끝날까

나는 보고 싶다는 말을 버릇처럼 중얼거리다가
입을 다문다

침묵은 아니다 정체 모를 기관에서 자꾸 솟아나는
말하자면 애를 쓰고 있지 않아도 솟아나는 호르몬이나
내 몸을 돌고 도는 피의 흐름
막을 수 없이 일어나는 일들

몸의 작용보다 속도가 빠른 마음 작용

어쩔 수 없는 시간의 흐름
하루가 오고 가는 속도
누군가는 순리라 부르는 자연스러움
그런데 난 왜 자꾸 어지러울까

소용돌이 속에서 헤엄치는 것처럼

사람은 잊어야 살 수 있다는데
솟아나는 감정은
어쩔 수 있는 게 아니라

오늘도 아무렇지 않게 해가 지고
모두가 사는 집에 작은 불이 켜지고

매일 켜지는 불을 순리라 하진 않겠지만
삶이라 부를 순 있을 것

자연스러운 슬픔처럼

충분히 추모해야 비로소 내일을 살 수 있다.

심술과 악의는 내일로 나아가려는 행진에 발을 건다. 물론 타인에 공감하는 일은 어렵다. 그러나 타인의 아픔에 공감하는 것은 곧 나를 위한 일임을 믿는다. 삶 속에서 몇 번이나 슬퍼질 미래의 나를 위한 예비. 나는 타인을 위해 기도하고, 그것은 '너'와 '나'를 포함한 '우리'를 위한 일이다. 기도는 조용하지만 분명 존재한다.

돌과 나무

황인찬

바람이 멈추면
돌이 된다

그 돌에게는 이름이 없다

누군가 나를 불렀다고 생각했는데
내 이름이 생각나지 않아 확신할 수 없었다

돌을 손에 쥐고 오래 걸었다

긴 줄을 따라 걷다 보면 하루가 다 끝나고
줄 끊긴 자리

주저앉은 사람에게 돌을 건네주었다

저녁의 빛

거기에 손을 대면 으스러질 것 같아서
주먹을 다시 꼭 쥐었고

눈을 감으면
바람이 보인다

그 자리에 나무가 생긴다

무슨 말을 더할 수 있을까. 그러나 무슨 말이든 더해야 한다는 생각을 했다. 아주 긴 세월이 흘러 손에 쥘 수 있을 정도로 작아진 돌을 생각한다. 그 돌을 건네받고 싶다는 생각을 했다.

아무리 아무도

배수연

우리 비행기 놀이를 하자 비행기를 접고 비행기를
날리자 네가 든 비행기도 정말 비행기지? 라고 묻지 말
자 내가 탄 비행기도 정말 비행기지? 라고 묻지 말자

이곳에서 비행기 놀이를 하자 여기서 비행기를 날릴
수 있어? 여기서 비행기가 멈출 수 있어? 이 비행기가
저 비행기를, 잡을 수도 있어? 비행기 속으로 비행기가
우르르 빨려 들어갈 수도 있어? 라고 묻기도 전에

한쪽을 구기자 반대쪽이 더
한쪽을 기울이자 반대쪽이 더

이곳에서 비행기 놀이를 한다 다시는 비행기라는 단
어를 듣고 싶지 않은 사람이 생길 때까지 다시는 비행
기를 쥐고 휘웅 하며 놀지 못하는 땅이 생길 때까지 비
행기 소리에 귀가 먼 새들이 눈물도 없이 녹아버릴 때

까지 아무리 불러도 아무도, 아무리 찾아도 아무도, 아
무리 울어도 아무도, 아무리 달려도 아무도, 아무리 휘
저어도 아무도 이곳에서 저곳으로 이동하지 못한다

이곳에서 저곳으로

떠난 존재가 없다

얼마 전, 빌딩 창에 부딪혀 숨진 쇠솔새가 보도에 누워 있었습니다. 화단 덤불 아래로 옮겨주었지만 아직도 쇠솔새는 올리브영 광고 배너 아래 그대로 있습니다. 쇠솔새는 월동지로 이동하지 못했습니다. 보고 싶은 사람들이 보고 싶은 사람들에게 이동하지 못했습니다. 참사의 진실과 책임도 제자리로 가지 않았습니다. 도착하고 싶은 존재들이 아직 여기 그대로 있습니다.

소파

임승유

앉으면 찰 텐데

그런 생각을 하면서 앉아야 했던 소파가 있었다는
게 기억났다. 두 손으로 바닥을 짚으며 일어나다가 기
억났고

앉으면 찰 텐데 그런 생각을 하지 않아도 되는 소파
로 바꾼 다음엔 아무 일도 없다는 듯 지냈다는 것도 알
게 됐다. 알게 된 이상 나를 어떻게 해야 했다. 어떻게
해야 한다는 것까지는 알겠는데

감정이 끼어들고.

이렇게도 해보고 저렇게도 해보는 모양새가 꼭 안
움직이는 염소를 끌고 집에 가려던 저녁 같았다. 어쩌
려고 이러나. 저녁은 힘이 세고

염소처럼 안 움직이고.

목덜미를 쓸어내리는 것처럼 앞서거니 뒤서거니 내려
오는 뒷산. 앞뒤가 캄캄해졌어. 그만 일어나. 저녁 먹자.

참사가 일어난 이유가 밝혀지길 간절히 바랍니다. 분명한 건 이건 자연재해가 아니라 인위적인 사고라는 것입니다. 새에 대한 이야기를 하고 싶지만 삼킵니다. 사고 발생의 원인이 무엇인지 밝히고 책임자를 적시하고 난 다음에야 진정한 애도가 시작될 수 있다고 생각합니다. 사람들은 어렵게 말하려고 하는 습관이 있지만 진실은 생각보다 아주 단순한 데 있는 것 같습니다. 저는 시를 쓰면서 그 사실을 점점 더 실감합니다.

쓰는 상태

김은지

1.

어느 외국 시인이,

참사 추모 자리에서

차마 자신의 시를 읽지 못해

자장가를 불렀노라고 하면서

그때 그 노래를 들려주었습니다

저는 가까이 앉아 있었기에

그녀가 손을 떨고 있는 것이

아주 잘 보였지요

눈을 감고 끝까지

2.

청소기 수리

화분 갈이
겨울 양말 구입
이름 검색

미뤄온 일들 찾아 합니다
그냥 합니다
요구르트 이중 포장을 뜯고
냉장고에 넣는 일
생각 없이 합니다

할 수 있는 만큼
할 수 없는 만큼

눈을 감고 끝까지

3.

눈을 떴을 때 아직 도착 전입니다

더 잘 수 있습니다

다음 역이 어디더라

이건 꿈입니다

이런 일은 현실에선 일어나지 않고

일 분 같은 짧은 시간에 다섯 장면 넘게 겪었고

무슨 꿈을 꿨는지도 모르겠습니다

추상화

추상 꿈

쓰고 지우고

새로 쓰고 쓴 적 없는 글자

과거는 바꿀 수 있다

과거 어떤

과거 어떤는 바꿀 수 있다

미래는
과거만큼 고정적
미래 어떤
어떤 과거는 바꿀 수 있다

4.
뭔가
빠뜨리고 건너온 걸까요
가슴이 비어 있는 상태로
나는
어떻게 계속 온 걸까요

5.
어떻게 하면 좋은지 알면

훨씬 나을 텐데 생각하며
뭔가를 읽으려 했습니다
책에는 믿을 수 없이 솔직한 문장들
눈물과 문장들 막 섞일 때
친구가 다가와 꽃 한 송이를 주었습니다

탐스러운 꽃
향기가 나지 않습니다
신기할 정도의
무향

—　시인의 말

원고 청탁서를 받고, 만나는 사람들에게 시를 한 편 써
야 한다고 말했습니다. 사람들은 저마다 12·29 무안공항 제주항
공 여객기 참사에 대해 안타까움을 표현했습니다. 그래서 저는
또 "저는 오늘 시를 한 편 써야 합니다" 하고 말을 건넸습니다. 눈
시울이나 심장 근처가 뜨거워질 때, 뜨거워지는 게 당연하다는
생각을 하기도 했습니다.

반짝반짝 아는 척 좀 해주세요

이원규

그대 갑자기 떠나도 떠난 것 같지 않아요
어금니 꽉 깨물고 살아도 사는 것 같지 않아요

한겨울 아침 날벼락에
꽃송이 통째로 떨어진 동백꽃이여
일백칠십아홉 송이 송이 송이
마침내 일백칠십아홉 개의 별이 되었으니
밤하늘 바라보며 두 손을 흔듭니다
별빛 두 눈 반짝반짝 아는 척 좀 해주세요
밤마다 입술 깨물며 겨우겨우 잠이 듭니다
꿈속에서라도 못다 핀 동백꽃을 피워주세요

그대 갑자기 떠나도 떠난 것 같지 않아요
언제나 살아생전 그대로 그 모든 곳에 있어요

　　원래 추모곡 가사로 쓴 것이다. 희생자인 故 김애린 님
의 남동생 세형이는 싱어송라이터인데, 그가 한국화가인 아버지
몽피를 통해 가사를 부탁해왔다. 딸과 사위를 동시에 잃은 부모와
남동생의 깊은 슬픔 앞에 무력하기만 했다. 졸필로 겨우 써주니 곡
에 맞춰 수정한 뒤 〈반짝반짝〉 노래를 완성했다. "밤마다 입술을
깨물며, 잠에 들 수가 없어" 후렴구를 듣다가 입을 틀어막았다.

눈썹도마뱀붙이

이소연

이름 끝에 붙은 두 글자가
꼬리 같아

꼬리 없이 사는 나에게
꼬리 없이 살 수 없는 세계를 가르치고 있다

우리가 놓아야 할 것들을 배우기 위해
눈썹도마뱀붙이

나도 언젠가 붙이를 놓겠지
피붙이 몸붙이 처가붙이 세간붙이

눈알을 혀로 핥을 수 있어요?
눈을 감지 못하는 자들을 위해 기도합시다

벽을 기어오를 수 있어요?

벽붙이

도마뱀이 있다고 믿어야 한다
믿음붙이

요즘은 물을 마시듯이 침묵을 마시고 산다

햇빛이 칼날처럼 박힌 뺨 한쪽

바다가 적출된 몸이라
사막을 끼고 사는가 봐

추위를 입는 것을 좋아한다면
창틀에 쌓인 눈송이처럼 깨끗한 죽음 입혀주고 싶지만
그건 산 자들이 하는 일이죠

꼬리를 잘라

아주 작게, 침묵보다 작게 제 영혼을 불러요

그럼 작년에 달아났던 그것처럼

눈썹도마뱀이 돌아온다

꼬리를 남겨두고 달아난 도마뱀을 믿었다. 한번 절단된 꼬리가 다시 자라지 않는다는 이 종은 눈썹도마뱀붙이라는 이름을 가졌다. 목숨을 잃은 것이 아니라, 꼬리를 통해 다음 세상을 가르친 목숨이기를. 도마뱀의 영혼과 같이 차고 깨끗한 존엄이, 안전한 삶이 돌아오기를 바라며 썼다.

차경借景

한여진

나 잠시 풍경 좀 빌릴게

여기 이 파도 치는 시린 빛
흔들리는 이파리 하나하나
몽땅 다 기억하기

함께 노래 부르던 아이들은
벌써 다 집으로 돌아간 지 오래

홀로 남은 나는
잠시 길을 잃었나

산길을 걷고 걷다 보면 우리 같이 노래 불렀던 나무
들 가득해
어쩌면 되짚고 되짚어 돌아갈 수도 있겠어

가자가자 감나무
오자오자 옻나무
짓지꺼지 꽂거지
난달래미 봉숭애*

놀이가 끝나 가자고 할 때마다 섭섭했지
그래서 뒤도 돌아보지 않고
여기까지 홀로 걸어 들어온거야

마음이 잡아먹힌 거지
탐스러운 풍경 앞
눈과 발이 홀려 여기까지

우리 집에 와여 봐라
대추 찰밥 해여놓고
니 하나이 줄쭈 아나*

한발 한발 조금 더 깊어지는 풍경
아직도 모르는 나무 이름들이 이렇게나 많단다

이제는 나를 찾는 아이들 목소리 들리지 않아

풍경 어딘가에 편지를 남겼어
함께 놀던 곳에서 기다리겠다고

* 경북 안동의 감나무 노래.

당신은 짐을 꾸렸을 것이다. 여행을 앞두고 긴장으로 다소 뻐근해진 어깨를 주무르며 그러나 작은 설렘을 가장 먼저 챙겼겠지. 편지 한 줄 없이 당신의 여행은 길어졌다. 마냥 기다리던 우리는 당신에게로 가기 위해 씩씩하게 일어나 짐을 챙긴다. 가는 길에 우리가 마주칠 것들이 많겠지만 그건 지나고 보면 찰나일 뿐일 거야.

하늘의 통점

이동우

부은 눈 감으면 서녘이
붉어졌다 불 꺼진 공항 한밤
유리창에 떠난 이름 적으며
견디는 이들 짓무른 구름
젖은 바람이 맴돌았고

그날 비행기는 찢긴 새였다
날개 꺾인 새가 새를 품고
부딪힌 돌벽, 그 속은 온통
낭떠러지였고

남겨진 가슴속 벽이 자랐다
눈물 뭉쳐 힘껏 던져도
꿈쩍하지 않는
숨결째 굳어버린 몸과 몸들
허공 심해에 손만 대도

소스라치듯 돌가루가 일었고

철새 도래지 후벼 파낸 흉터가
돌무지 산이 되어갈 무렵
무안 상공 가득히 가창오리 떼가
보고픈 얼굴을 그렸다
수십만의 날갯짓으로
꿰매는 몸짓으로

부은 눈 뜨면 금세
습지로 변하는 텅 빈 활주로
겨울 하늘 향해 부르는 이름
창공으로 푸른 멍이 번졌다

그해 겨울, 콘크리트 바닥에 백일흔아홉 개의 숨이 흩어졌습니다. 한순간 얼어붙은 일상에서 유족들의 숨도 흩날렸습니다. 가창오리들이 떼 지어 밤새 무안 하늘과 땅을 휘덮으며 흐느꼈습니다. 여전히 메아리치는 그날의 숨소리, 이제 안온해지기를, 모두 평안하기를 두 손 모아 기도합니다.

걱정 없는 곳에서

김성백

익숙한 세계가 무너지는 데는
일 분도 채 걸리지 않았고
마음 한가운데 불에 탄 자리
허기가 몰려왔을 뿐

빛의 주변을 맴도는 어둠에 가려져
나의 삶은 가뭄보다 더 오랜 목마름
맞잡은 두 손에 힘이 빠질 때
사랑하는 이의 이름이 녹아내릴 때

살기 위해선 풀 한 포기보다 가벼워야 했는데
수많은 모진 사연
이루지 못한 꿈
차마 버릴 수 없던 그리움

다시 날 수 있다면

착륙 없는 그곳에서
더없는 가벼움으로 모든 슬픔 버리고
그대는,

졸업 앨범처럼 아련하여
작별 인사도 없이 떠나간 그대는
고생 참 많았어요

허공을 빌려 잠시 쉬어가는 구름이여
길 잃을 걱정 없이
영원한 미소로 남아서

바람을 앓다가 빗물 되어 내리면
그대가 다녀간 줄 알게요

부디 잘 지내요

우리 다시 만날 그날을

고마워요

정말 고마워요

정말 고마웠어요

먹고 싶은 게 많았으리라

하고 싶은 게 많았으리라

가고 싶은 데도 많았으리라

늦었지만

그래서 미안하지만

너무 슬프지 않았으면

너무 미안해하지 않았으면

낮에도 빛나는 별처럼

어디에선가

빛나는

그대는

슬픔이 돌아오지 않는다

정미주

하늘을 가로지르는
선분 하나를 바라보았다

너를 보러 가는 길
늦여름의 잔열이 종아리를
달군다

그을린 신발 뒤축을 보니
겨우 한 걸음 내디뎠을 뿐이다

풀숲에 떨어진 새의 몸은
젖어 있었다

먼바다로 나간
전서구는

뱃머리에 앉아
돌아가는 곳을
바라본다고 했다

깃털이 안부가 될 수 있을까
무심하게 끊긴 길에 대해
쏘아 올려지는 탄환에 대해

다가오는 계절이
너의 옷이 되어주면 좋겠어

너를 쓰다듬는 바람이
부드러웠으면 좋겠어

낯선 곳에 누운 새가
텅 빈 집으로 들어온다

몫이라는 말을 읊조리면
이유 없는 병을 앓아도
거기 삶이 있다고
네가 속삭였다

밥을 짓는 꿈을 꾸었다
마른 도마를 적시고
쌀이 익어가는 소리를

들어도 괜찮을까

한곳을 바라보는 새들은
모두 가족이야

거울 속 너와
꿈속의 나는

이토록 닮았구나

바람 한 점 없는
고요한 곳으로
손짓한다

물빛 자기 같은
말간 웃음을

돌아올 수 있는 사람들에게
전하며

비가 많이 오던 새벽

창가로 와 부딪히는 새가 있었습니다.

돌아오는 슬픔과 진실에는 다가가지도 못한 채

여전히 그 밤의 새를 생각합니다.

헤어짐값

권창섭

손톱 없이 손가락, 손가락 없이 손톱
발톱 없이 발가락, 발가락 없이 발톱
잡을 수 있는 손 없이,
따라갈 수 있는 발 없이,
넓은 백지에 홀로 검은
단 하나의 글자인
나,
나처럼
혼자일 때도 문을 잠그지 못해
비가 와도 창을 닫지 못해
눈이 와도 신발을 신지 못해
자꾸만 춥고 젖고 얼어버리는

사람의
어떤 사람이
다시는 새의

새의 소리를 들을 수 없는

새가 나는 하늘을 바라볼 수 없는

새가 되는 꿈을 꾸어볼 수 없는

사람의

다시는 사람의

사람의 소리를 들을 수 없는

사람이 나는 하늘을 바라볼 수 없는

사람이 되는 꿈을 꾸어볼 수 없는

다시는 새도 사람도

사람도 새도

그때 그럴 걸 그랬어

그때 그러지 말 걸 그랬어

마음을 자꾸

썼다가 지웠다가

말을 자꾸

삼키려다 삼키지 못하고
뱉으려다 뱉지 못하고
입 안에 목 안에 가슴 안에
계피맛 돌 생강맛 돌 박하맛 돌이
하나 둘 셋, 열 스물 백, 천 개 만 개 억 개 생겨나
굴러다니다가 구르다가
저들끼리 부딪치면
펑 하고 터지는

풍선 대신 비눗방울을 하늘로
비눗방울 대신 종이비행기를 하늘 아래로
종이비행기 대신 엽서 한 장을 땅으로
엽서 한 장 대신 젖은 발이 땅 아래로

두 손을 모으는 것 대신
두 손을 흔드는 것으로

하늘로 하늘 아래로
땅으로 땅 아래로
흔들다 흔들다가

멈췄다 멈췄다가

다시
모으는 것으로
멀리 멀리
흔들다
가까이 가까이
두 손을
다시 모으는

흔들지도 모으지도 못하는 손들의 죄책감.

무안과 슬픔

정우신

텐트가 공항 로비에 세포처럼 놓여 있습니다.

슬픔을 증식하고 있습니다.

슬픔은 빠릅니다. 너무 빨라서 쉽게 잊힙니다.

슬픔은 높고. 무겁고. 무섭고. 낮고. 빠릅니다.

슬픔은 가벼운 발걸음으로 사람과 사람 사이를 흘러 다닙니다.

슬픔은 사랑. 슬픔은 신혼.
슬픔은 동창. 슬픔은 기자. 슬픔은 부모.

슬픔이 날아가지 못하고 회전 계단을 오르내리고 있습니다.

계단은 내려갈 때보다 올라올 때가 좋습니다.

우리 아들 사진이 잘 보여서 사위 사진이 듬직해서 어린 딸이 쓰다만 별 그림 편지가 있어서.

텐트는 슬픔의 심장입니다.

우리는 심장에 줄을 걸고. 구부리고. 자르고. 울타리를 칩니다.

슬픔에 경계가 생기고 돈이 붙고 정치가 붙고 악령이 붙습니다.

학생들이 보낸 위로의 편지를 걸어두고 슬픔을 말렸습니다.

슬픔은 딸. 슬픔은 아들. 슬픔은 가족. 슬픔은 새.

슬픔은 편지. 슬픔은 미래를 끊고.

슬픔은 슬픔을 띄우지 못하고.

슬픔은 빠르고 높고. 슬픔은 쉽고 무겁고. 슬픔은 텐
트와 텐트 사이를 걷다가 지퍼를 열고 엄마 나야, 불러
보는 슬픔.

슬픔은 나의 심장으로 이어진 세상에서 가장 긴 활
주로.

슬픔 앞에서 나는 아무것도 할 수 없다. 선명하다. 꿈속에서 더욱 선명해진다. 이제 슬픔의 자리에 다른 슬픔을 함부로 넣을 수 없다.

노란 슬픔

이지호

노란 슬픔이 종기처럼 부어오릅니다
울고 있을 때 조용히 옆에 앉아주는 노란 사람
사실 우리는 하나의 공중을 짊어졌어요

곁에 오래 머무는 노란 위로
어둠이 갉아먹은 공항 모퉁이가 오늘의 자리인가요
공항에 갇힌 심장은 여전히 공항에

공항 안의 그림자를 밟을 수 없는 나는
덧난 상처에 엉겨 붙은 노란 달빛을 바라봐요

노란 된장국이 먹고 싶었는데
이국에서 먹은 노란 똠얌꿍이 마지막 성찬이래요

노란 꽃그늘에 앉아 노란 꽃반지 끼고
밥 먹었니?

말이 되지 않은 노란 침묵이 떠다녀요

노란빛 계절은 땅거미가 내려앉아도 노란색입니다

꿈이라고 말해주세요
그루잠에서 깬 노란 꿈이라고

꿈이었으면 하는 일이 있다. 곁에 같이 앉아주는 것, 그 거라도 하고 싶다.

대합실*

고영서

누가 쓴 손글씨일까

아부지 사랑해 ♡
동생들이랑 어무니랑
잘 견디고 있을게!
엄마, 나, 동생들 꿈에 나와줘

너 가는 날에 첫눈이 오더라
여기 사람들은 첫눈이 올 때마다
너를 기억할 거야
그곳에서는 하고 싶은 거 다 하고
행복하기를

여보, 나는 아직도 믿기지가 않아
인찬아, 인호야
아빠가 무엇을 할 수 있을까?

빛바랜 편지 위로

쌓이는 먼지

인적 뜸한 계단을 내려오면

분향소

흰 이 드러내고 웃는 영정사진

그 앞에 놓여 있던

송편 한 접시

* 12·29 무안공항 제주항공 여객기 참사 지킴이 282일째 되는 날은 추
  석이었다.

노랗게 물들어가는 들판을 가로질러 그곳에 갔다.

비행기 한 대 없는 공항, 사고 현장이 있는 콘크리트 둔덕을 지나자 활주로를 넓히는 공사가 진행 중인 듯했다.

내가 가기 하루 전에는 국토부 장관이 참사 원인을 조사하고 있는 항공철도사고조사위원회(항철위)의 조사 업무 중단을 공식 검토하기로 했다. 항철위의 조사를 믿을 수 없다는 유가족의 입장을 들은 뒤였다. 항철위 조직을 개편하고 총리실로 이관하는 논의가 이뤄졌다.

가족과 함께해야 할 명절에 가족을 잃은 사고 현장을 떠나지 못하는 유가족들의 아픔을 헤아릴 수가 없다.

분향소가 있는 대합실은 너무 적막해서 발걸음이 쉬이 떨어지지 않았다.

어둠을 칭칭 감고 사라져버린 내일

이설야

공항은 폐쇄되었다
새들은 여전히 날아다니거나
허공에 멈춰 얼음 조각이 되었다

아침마다 차갑게 식은 노란 텐트에서 나와
날짜를 다시 고쳐 쓰고
지난밤 꿈 이야기를 한다

텐트 위에는 숨을 멈춘 파란 나비들
계단에는 꽃 한 송이가 비행기를 떠받치고 있는,

아이가 그린 그림이

모두 꿈이었지

사라져버린 사람들
모든 문은 폐쇄되었다

둔덕에는 새들을 쫓는 가짜 새소리
새들의 하늘까지도 탐하는 총소리

그날 새들은 다니던 길목으로 날아갔을 뿐인데
비행기도 오던 길로 오고 있었을 뿐인데

좌표와 번호로만 기록된 사람들
꿈속으로 들어오는 문도 잃어버렸나

해가 녹아내리고 있었다
피고인석에 앉아서 날개를 파닥거리는 새 그림자들

손톱 위에 그려진 눈사람
아직도 눈을 맞고 있겠지
　　　눈보라로 앞을 볼 수도 없겠지
　　　　　남은 자들에겐

일 년 내내 녹아내리는 눈물이 되었지

그 비상한 계엄이 눈물들도 다 삼켜버렸다

오늘 아침도 노란 텐트를 열고
눈사람을 들고 나와 다시 꿈 이야기를 한다

모두 꿈이어야만 하는

철鐵새들의 정거장에서 죽음의 벽이 감춘,
사라져버린 내일

유가족은 아직도 차가운 공항 바닥에서 숨을 겨우 쉬고 있을 것이다. 그들의 아침 인사는 꿈으로 시작한다. "제발 꿈에서라도 찾아와줘!" 절규하는 유가족의 슬픔을 나는 알 수조차 없다. 꿈에서조차 사라진 얼굴들. 그 모든 것은 꿈이어야만 했다. 우리들의 시가 유가족의 눈물을 조금이라도 닦아줄 수만 있다면, 진실의 문이 조금이라도 열릴 수만 있다면······.

2024. 12. 29. 무안

박두규

어쩌면 너의 슬픔도… 마지막 날의 마지막처럼 소멸하였기를… 흔들리는 눈빛, 공포의 시간을 잊고… 가늠할 수 없는 내일이 되었기를… 사랑하는 이의 이름을 부를 틈도 없이… 시간과 시간의 틈새에서… 너는 멈춰버린 시간이 되었구나… 그 슬픔의 마지막 문턱에서… 찰나의 시간 속 스스로를 응시하였기를… 사랑하는 이들의 이름을 부르며… 화답하지 않는 빈 하늘을 다만 원망하지 않았기를… 그렇게 대상도 없는 응시와 함께… 슬픔의 어딘가로 사랑이 스미고… 깊은 잠을 드나드는 호흡처럼… 슬픔과 절망의 너울을 넘어… 다시금 눈뜨는 사랑이었기를… 아, 어쩌면 너의 슬픔도 함께… 마지막 날의 마지막처럼 소멸하였기를…

꽃 피니 봄 오고 꽃 지니 봄 간다며 허망하다 말하지만, 사실 우리는 보이는 것과 보이지 않는 것, 알 수 있는 것과 알 수 없는 것의 사이를 살고 있다. 그대들은 이 사이를 벗어나 영원을 사는 사랑의 영역에 이르렀기를 빈다. 사랑은 신비이고 모든 것의 안과 밖을 밝히는 빛이니, 우리가 그대의 어느 틈에 있다는 것을 알게 하소서. 그렇게 그대는 사랑의 너울이 되어 다시금 우리의 곁에 살아 있음을 알게 하소서.

조각 碎片

죽음을 기록하는 여자

김윤미

첫 번째 조각 — 2025년 추석 무렵, 서류를 받아 든 순간

나는 오늘도 죽음을 기록했다.

우편물이 도착했다. 보내는 사람은 무안경찰서 수사과였다.

머리보다 손이 먼저 서류 봉투를 뜯고 있었다.

스물세 장의 사건조사결과 보고서와 부검 서류.

그것은 부모님의 죽음에 관한 정보공개 청구 서류였다.

'2024년 12월 29일 09:04경, 무안국제공항 남측 녹지대.'

기록은 그렇게 시작하고 있었다.

나는 변사자의 딸로 진술되어 있었다.

부모님은 12월 25일 태국 방콕으로 여행을 떠났다가 29일 예정대로 귀국하던 중 사고를 당한 것으로 적혀 있었다.

그 안에는 '부검을 원치 않는다'는 나의 진술까지 포함되어 있었다.

기록은 언제나 무표정했다.

종이에 적힌 사건 개요는 담담히 이어졌다.

그 속에서 나는 무너져 내렸다.

두 번째 조각 ― 2024년 12월 29일, am 9시 4분

너무나 평범한 주말 오전.

죽음은 그렇게 시작되었다.

텔레비전 화면 아래 굵은 글씨로 박힌 속보 자막.

"무안공항에서 비행기 폭발."

갑자기 심장이 뜯겨 나가는 듯 쿵쿵 울렸다.

곧 이모에게서 전화가 걸려왔다.

"엄마가…… 그 비행기에 탄 것 같아."

나는 미친 듯이 항공편 시간표를 뒤적였다.

태국에서 무안으로 오는 비행기,

출발과 도착 시각은 부모님의 일정과 정확히 겹쳐

있었다.

라디오와 뉴스에서 전해지는 사망자 수는

29명에서 50명, 다시 70명으로 끝없이 늘어났다.

"안 죽었어."

세 번째 조각 — 2024년 12월 29일, 무안공항 도착

나는 무안으로 향했다.

공항에 가까워질수록 죽음의 냄새가 진동했다.

차가운 겨울 공기를 짓누르는, 낯선 탄내.

폭발로 흩어진 항공유와 타들어간 잔해의 냄새가 코
를 찔렀다.

39미터 길이의 비행기는 꼬리만 남기고 형체도 없이
사라져 있었다.

검은 연기와 흩어진 금속 조각들이 공기를 메웠다.

공항 게이트 곳곳에는 사람들이 엎드려 울부짖고 있
었다.

사망자 명단이 낭독될 때마다 터져 나오는 오열.

나는 119가 호명하는 명단을 부여잡고 있었다.

아직 부모님의 이름이 없다는 사실 하나에 매달리며
'살아 있을 거야'라는 주문을 끝없이 되뇌었다.

그러나 결국, 차갑게 나열된 이름들 사이에서

아버지와 어머니의 이름을 발견했다.

181명 중 단 두 명만 돌아왔다.

부모님은 그 안에 없었다.

네 번째 조각 ― 2025년 1월 1일, 공항 안 노란 텐트

나는 시신 인도를 기다리며 죽음을 기록했다.

부모님이 돌아가셔도, 179명이 죽어도 새해는 어김 없이 찾아왔다.

봉사자분들이 떡국을 끓여주셨지만 한 숟가락도 넘 기지 못했다.

사고 직후, 우리는 공항 건물 안 노란 텐트에서 겨울 을 버텼다.

가로 2미터, 세로 2.5미터, 높이 1.8미터.

작은 방보다 더 작은, 한 사람의 슬픔이 겨우 들어갈 만큼의 공간이었다.

세 살 아이를 잃은 이, 부모를 잃은 이, 모든 가족을 잃은 이가 모여

유가족이라는 이름이 되어 먹고, 울고, 버텼다.

새벽이면 공항 바닥의 한기에 몸이 떨렸고,

낮이면 사람을 누르는 침묵 속에서 울음이 터져 나오곤 했다.

"언제 장례를 치를 수 있을까."

그곳은 더 이상 공항이 아니었다.

장례가 가능해지길 기다리는 공간이었다.

새해 첫날, 스물네 구의 시신을 인도받을 수 있다고 발표되었다.

그러나 그 명단 안에는 부모님의 이름이 없었다.

나는 기다려야 했다.

다섯 번째 조각 — 활주로 끝 로컬라이저 인근

죽음은 깃발이 되어 꽂혀 있었다.

사고 현장 풀밭에는 노란 깃발이 수십 개 박혀 있었다.

시신이 발견된 지점을 표시하는 깃발이었다.

바람에 나부끼는 깃발 사이로

가방, 의자, 구명조끼,

이름 잃은 뼈와 살점이 흩어져 있었다.

당국은 발표했다.

사망자 179명 중 온전한 시신으로 발견된 것은 단 다섯 구뿐.

나머지 174명의 시신은 총 606편으로 흩어진 채 수습되었다.

지금 내 손에 쥐어진 부검 서류에는

그 깃발을 대신하는 숫자와 좌표가 적혀 있었다.

"P9-7-1: 인체 조직, P9-7-2: 뼈."

부모님의 흔적은 좌표와 번호로만 남아 있었다.
투명한 비닐 봉투 속 '우측 발, 좌측 발.'
담담한 기록이었지만, 그것이 아버지였다.

어머니의 기록은 더 참혹했다.

"절단, 골절, 손상."
그 문장 하나가, 사람의 전부였다.

여섯 번째 조각 ─ 2025년 1월 초, 무안공항 컨테이너 창고

죽음을 마주한 순간이었다.

밤 11시경, 공무원들과 제주항공 직원들은 유족들을 버스에 태웠다.

두 시간 가까운 기다림 끝에, 버스는 공항 안쪽 창고로 천천히 들어섰다.

경찰과 국과수 직원, 119 대원들이 대기하고 있었다.
나는 부축을 받으며 부모님의 시신이 보관된 컨테이너로 향했다.

문이 열리자, 차가운 공기와 함께
하얀 천으로 덮인 시신들이 줄지어 드러났다.
천을 살짝 들어 올리자, 아버지가 보였다.
실오라기 하나 걸치지 않은 몸은 뜯겨 있었고,
조각난 살점 사이로 71세 인생이 멈춰 있었다.

입을 열었다. 그러나 아무 소리도 나오지 않았다.
다리에 힘이 풀리기 전에, 곁에 있던 119 대원들이 나를 부축했다.

어머니는 차마 볼 수 없었다.

나는 얼굴 일부만 확인한 채,

그곳을 나와야 했다.

그리고 1월 7일, 장례를 치렀다.

일곱 번째 조각 — 김장김치의 마지막 맛

죽음은 김치통 속에도 남아 있었다.

엄마는 태국으로 떠나기 전, 두 딸에게 김장김치를
나눠주었다.

"올해는 같이 담그자."

그 약속은 끝내 지켜지지 못했다.

그 김치는 내게 마지막 김치가 되었다.

냉장고 속 김치통은 조금씩 비어갔고,

익을수록 맛있어질수록, 살아나는 내 미각이 원망스

러웠다.

어느 날, 김치통 바닥에 남은 몇 잎의 배춧잎을 보고
나는 그 자리에 주저앉아 오열했다.

이제 더는 엄마의 김장김치는 없다.
엄마는 죽었다.

여덟 번째 조각 — 2025년, 김포공항역 지하철 안에서
죽음은 퇴근길 한가운데서 예기치 않게 되살아났다.
지하철 9호선 김포공항역.
한 남자가 쓰러져 피를 흘리며 119에 실려 갔다.

그 장면을 보는 순간, 나는 그날로 되돌아갔다.
물속에 잠긴 듯 숨이 막혔고,
가슴에 불이 난 듯 타올랐다.

가위에 눌린 듯, 목소리가 나오지 않았다.

나는 휴대전화를 건네,
"숨이 안 쉬어진다"라는 글자를 옆 사람에게 보여주
었다.
119 대원들이 와서 나를 안정시킨 뒤에야
겨우 집으로 돌아올 수 있었다.

그날 이후, 정신과 약을 먹기 시작했다.

아홉 번째 조각 ― 부모님 댁 앞, 아이의 울음
죽음은 아이의 울음 속에서 번졌다.
첫째 아이는 여섯 살이 되도록 말을 하지 못했다.
두 분이 돌아가신 뒤,
할머니 댁에 갈 때마다 아이는 울었다.

마치 생전의 할아버지와 할머니를 본 듯,
무엇을 보고 그렇게 울어대는지 알 수 없었다.
아이는 몸으로 울었다.
어쩌면 그 울음이 아이에게는 말이었고, 대화였다.

나는 그 울음을 견딜 수 없었다.
단순한 대답조차 할 힘이 없었다.

그러던 어느 날, 아이가 말했다.
"할머니…… 할아버지."
그 순간, 첫째가 처음으로 말을 했다.

열 번째 조각 — 세종시, 국토교통부 앞에서
죽음은 피켓 위의 글자가 되었다.
나는 상복을 입고 국토부 앞에 섰다.
허리에 매단 휴대용 마이크,

손에는 '진실을 밝혀라'라는 피켓이 있었다.

세종시 국토교통부 건물 앞,
직원들은 나를 스쳐 지나갔다.
아무도 오래 멈추지 않았다.

그러나 나는 알았다.
유가족이 하지 않으면, 아무도 하지 않는다는 것을.
그래서 나는 거기에 서 있었다.

열한 번째 조각 — 지금도, 무안공항 2층 노란 텐트를 지키며
죽음은 무안공항에 아직도 머물고 있었다.
그리고 지금도 많은 유가족은
폐쇄된 공항 건물 2층, '노란 텐트'를 지키며 살고 있
었다.

장마철이면 천장에서 물이 새고,

겨울이면 찬 공기가 틈새로 파고들었다.

여름이면 눅눅한 습기와 땀 냄새가 온몸을 감쌌다.

그 작은 공간에서 우리는 밥을 먹고,

잠을 자고, 서로의 손을 붙잡으며 되물었다.

"언제쯤 179명이 왜 숨졌는지 알 수 있을까."

열두 번째 조각 — 침묵의 공항, 침묵의 언론

무안공항은 철새 도래지 위에 세워졌다.

활주로 끝에는 콘크리트 둔덕이 버티고 있었고,

새 떼와의 충돌 위험은 이미 수차례 지적되어 있었다.

정치인들은 '지역 발전'을 외쳤고, 그 말 뒤에는 표심

이 있었다.

안전보다 표가 더 중요했던 그 결정이

결국 179명의 목숨을 앗아갔다.

제주항공은 무리하게 노선을 늘려
48시간 동안 13개국을 오갔다.
보잉 737-800 기종에는 필수적으로 꼭 달아야 했던
안전장치조차 없었다.

죽음을 예견한 위험은 이미 보고서 속에 있었다.
모두가 알고 있었지만, 아무도 말하지 않았다.
언론은 침묵했고, 책임자는 숨어 있었다.

정부는 "재발 방지를 약속하겠다"고 했다.
국토부는 "원인을 조사하겠다"고 했다.
그러나 그 약속은 뉴스 속에서만 존재했다.

현장에서 시신을 확인하고, 텐트에서 울부짖던 우리

곁에는

아무도 오지 않았다.

정치인도, 언론도, 발길을 끊었다.

열세 번째 조각 — 지금, 기록 앞에서

나는 오늘도 죽음을 기록한다.

조각은 여전히 늘어나고 있다.

끝내 이어 붙여지지 않는다.

179명의 이름,

606편의 흩어진 조각,

책임지는 이 하나 없는 현실.

"왜 우리는 죽어야 했나요."

대답은 없다.

조각만 늘어난다.

2

떠난 존재가 없다

새의 깃털 속에는
울음주머니가 들어 있다

김해자

폭발로 시작되는 삶이 타협으로 끝날 것인가? 당치 않다.
  ─르네 샤르, 〈히프노스 단장〉

새에게도 귀가 있다 보이지 않지만
세상의 모든 울음이 그곳으로 들어온다

너는 노을 속으로 도망치듯 날아갔다 구명조끼를 걸
친 채
  쓰러지지도 못하는 전봇대 너머
  검붉은 산소마스크가 간신히 매달려 있는 철조망 사
이로
  튕겨 나온 안전벨트가 나뒹굴던 갈대밭으로

비행기가 떨어졌다!

비명을 숨긴 연막 속에서 그을린 이름들이 끈적한

재가 되어 떨어져 내렸다

하늘은 오래도록 불탔지만 뉴스는 잠시 멈췄다 곧
다른 화면으로 넘어갔다

남겨진 이들의 울음이 화면 밖으로 밀려나는 동안
누군가는 키보드를 두드렸다 게임을 하듯

그 영상은 *CG야! 그건 연극이야, 쇼라고.*

토막을 친 말들이 울음을 지웠다

잔해 밑에 깔린 이름들을 찾기도 전에 날카롭게 뜯
긴 말들이 부딪쳐

연쇄적으로 폭발했다

새들 때문이야.

가짜 유족들이야. 얼마 받았어?

활주로 끝에 버티고 선 콘크리트 덩어리를 숨긴 둔
덕처럼
완강한 뼈들이 부딪쳐 공기를 뒤흔드는 동안
피에 젖은 깃털 속으로 파고드는 말의 파편들

무엇이 너를 한 번 또 한 번
다시 날게 하는가 울음엔 울음으로만 답할 수 있다
는 듯
울면서 날아가는 새여

쇳조각과 유리 파편을 스치고 날아오르는
불에 덴 너의 깃털 속엔
말이 되지 못한 인간들의 통곡 소리가 묻혀 있다

새처럼 울음주머니가 귀라면, 좀체 완성되지 않는, 더 듬거리는 내 불구의 말도 용서받을 수 있을까. 귀를 가린 깃털에 묻힌 피 묻은 울음이여, 용서하지 마시라. 통곡을 빨아들여버리는 불붙은 쇳조각 같은 말들을. 폭발로 시작되어 폭발로 끝난 삶이 타협 가능한가? 당치 않다. 유일한 답은 진실뿐이다.

여기를 떠날 수가 없어요

김수열

1

- 2024년 12월 29일 오전 8시 54분 43초, 태국 방콕을 출발한 제주항공 2216편, 무안국제공항 관제탑에 최초 교신, 01번 활주로 착륙 허가받음
- 오전 8시 57분 50초, 무안국제공항 관제탑은 접근하던 2216편에 조류 충돌 경고 전달
- 오전 8시 58분 11초, 조종사들은 "항공기 아래 방향에 새들이 있다"는 대화를 나눔
- 오전 8시 58분 26초, 새 떼와 충돌
- 오전 8시 58분 45초, 조종사가 비상 절차 수행 과정에서 좌측 엔진을 정지함
- 오전 8시 58분 50초, 2216편의 블랙박스 기록이 동시에 중단됨 당시 마지막으로 기록된 비행 속도는 161노트(약 298킬로미터퍼아워), 고도는 498피트(약 151미터)
- 오전 8시 58분 56초, 기장이 "Mayday! Mayday!

Mayday!, Bird Strike! Bird Strike!, Going Around!" 교신

- 첫 번째 착륙에 실패하고 공항 바깥쪽 방향으로 선회

- 오전 9시 1분 7초, 관제탑은 기장에게 방향을 바꾸어 19번 활주로로 착륙할 것을 제안, 기장이 이를 수용

- 오전 9시 2분경, 랜딩 기어 3개 모두 내려오지 않은 상태에서 19번 활주로에 동체 착륙 시도 기체는 19번 활주로에서 안정적인 자세로 접지를 했으나, 빠른 속력으로 인해 활주로를 이탈, Overrun이 일어남

- 오전 9시 2분 57초, 결국 활주로 너머에 설치된 콘크리트 구조물 둔덕과 그 위에 설치된 Localizer에 충돌, 그대로 폭발. 그 충격으로 기체 후미가 분리되고, 나머지 동체는 산산조각 나며 인근에 흩뿌려짐

2

어떻게 떠나요, 여길?

179명이나 산산조각 흩뿌려졌는데

떠날 수가 없어요 생각해보세요

1년이 지나는데도

아무도 누구도 책임지지 않아요

제주 제2공항 조류 충돌 위험은

제주공항보다 20배가 높고

무안공항보다 무려 568배나 높다는데……

새들도 안 떠나잖아요

무안공항 참사 1주기다.

179명의 희생자들께 삼가 명복을 빈다.

너무 안타깝고, 부아가 치미는 건

아무런 반성도 없이 언제 그런 일이 있었냐는 듯이

그날의 참사가 가뭇없이 지워지고 있다는 것이다.

누구도 책임지지 않고 있다는 것이다.

얼마나 많은 목숨이 더 필요한 걸까?

내가 사는 제주의 제2공항이 들어설 성산포엔

무안보다 훨씬 많은 개체수의 새 떼가 살고 있는데 말이다.

우리가 달라져야

이문재

새가 이겼다, 새들이 이겼다—
2025년 10월 법원 앞
새만금 지킴이들이 만세를 외칠 때

그 순간만큼은
새들이 제 길로 날아다니고
하늘도 너른 품을 더 넓게 열었으리라
하늘과 땅이 다시 눈을 맞추고
새들은 더 높이 날았으리라
그렇다, 새들이 이겼다

아니다, 새와 함께 가신 넋들이 이겼다
무안이 새만금을 살려낸 것이다
신공항 건설을 막아낸 또 다른 주역이
2024년 12월 무안공항의 영혼들이다

하지만, 끝이 아니다
앞으로도 새들이 이길 것이다
우리의 생각과 생활이 이대로 가다간
돌들이 제자리에 가만히 있지 않을 것이다
풀과 나무가 더 이상 푸르지 않을 것이다

하늘과 땅이 경고한 지 오래다
산 자들이 제정신을 차리지 않는다면
산 자들이 달라지지 않는다면
죽은 자들이 죽지 않을 것이다

하늘을 우러르며 고마워하지 않고
땅을 밟으며 미안해하지 않는다면
우리가 이대로 살아간다면—

　　사실 새가 이겨도 안 된다. 새를 이 '승패의 싸움'에 불러들이지 말아야 한다. 새를 비롯한 뭇생명과 천지자연에게 미안해하고 고마워하는 마음을 되찾고 그 마음을 서로 나누는 일이 급선무다. 우리가 겸손해질 때, 그때 전환이 시작될 것이다.

알면서도

김현

거절당할 걸 알면서도, 구청에 혼인신고를 하고 불수리 처리를 통보받은 규환은 얼마 전 사랑을 찾아갈 거야, 라는 책을 출간했다. 그는 사랑이 어려운 일이라서 한다고 했다. 간단하지 않아서. 그는 남편 찬영과 함께 혼인 평등 소송을 진행 중이다.

*

아니란 걸 알면서도, 엄마, 하고 부르는 소리가 들리면 지금도 뒤를 돌아봐요. 11년이 지났는데도 그래요. 20년, 30년이 지나도 그러겠죠. 죽기 전에도 그럴 거예요. 세월호 유가족의 인터뷰를 보면서 생각했다. 생각해야 했다. 가슴에 품어 숨을 불어넣는 일을.

＊

　되풀이라는 걸 알면서도, 나는 대구 지하철 화재 참
사로 세상을 떠난 친구와 그를 떠올리는 화자가 등장
하는 시 '내가 아는 시 가장 잘 쓰는 사람'을 매해 찾아
읽는다. 동시에 죽은 강아지 '네로'를 거듭 부르며 새롭
고 무한한 여름이 다시 온다는 시도 꺼내어 읽는다. 또
동시에 이른 나이에 세상을 등진 병세 형이 '필라멘트
끊긴 밤'이라고 쓴 내 문장을 보고 자기에게 '필라멘트'
를 달라고 했던 말을 구체적으로 기억해낸다. 노원구
에 있는 호프집에서 자정에.

＊

　자기가 어디에 서 있는지 궁금할 때가 있잖아요, 하
며 소설 쓰는 진영이 내게 건넨 건 나침반이었다. 그걸

책상에 올려두고 사랑을 나누고 읽고 쓰면서 틈틈이
보았다. 길을 알고도 우리는 길을 잃는다.

*

어떻게 써야 할지 모르겠더라, 고백하는 시인에게
당신은 어떤 대답을 해줄 것인가?

우리가 어디에 서 있는지 궁금하게 하는 사건(들)이
있다. 그리고 우리가 어떤 방향으로 나아가야 하는지를 알려주는
나침반 같은 진실도 있다.

너의 외투를 줍고 다시 정확한 말들로

윤은성

꺼졌다 다시 켜져.

하늘이야.

그러곤 눈을 질끈 감아.

있지, 나는 검은색이 어떤 색인지 이전에 다 몰랐고

앞으로도 다 모를 텐데

하늘이 계속 어둡다.

까마득해.

주저앉은 이들, 서서 웅성이는 이들,

고함과 울부짖음이 한데 모여 있는

이들 사이에서

눈을 감았다 다시 떠.

바닥이야.

와중에 슬퍼하는 사람들이 작년에도 재작년에도

내년에도 내후년에도

슬픔 속에 있을 것이란 게 먹먹해.

물론 웃기도 해. 때론 너무 환하지.

숱한 여름과 해변들, 모래사장들처럼.

벼르다 떠나는 소중한 여행처럼.

네 웃음, 너와 너의 가족의 웃음들을 봤어. 일부겠지.

살다 보니 거리 위에, 먹먹함에 눌린 숱한 가족들을

아주 가까이서 마주치게 되더라.

내 슬픔도 그럴까.

내가 가져온 네 웃음도 그러는 걸까.

우리의 충격들이 서로를 바짝 더 끌어당기는 걸까.

누구의 명으로 우린 이런 상실의 기계 안에 놓여

서로를 보게 되고 만 걸까.

아슬아슬한 날들은

뜻하지 않은 겨울의 가족들을 다시 새로 만든다, 차

갑고 먹먹한 가족들을

견고한 상실의 벽과 새로운 체하는 낡은 약속들을

새가 무리를 이루어 하늘길 나는 거, 서로를 지키는 거,

같이 가는 거, 그게 새들이 서로에게 일러준 명命이
었던 것처럼

살아 이렇게 남은 목소리가 서로를 다시 지키려고
명하는 날들.

어떤 명은 투명하지 않고, 계속해서 어둠 속에

우리를 놓아둔다.

시간이 지나도 어둡다. 나아진다고 말해줄 수 있는
거야?

우리는 알고 싶다. 사과를 받고 싶다. 정확한 말로,
다시는

정말로, 그러니까

이게 다 무슨 소용인지 묻게 되더라도

잘 끌어안아야 하는 거잖아, 이래선 안 되는 거잖아.

하늘과 바람과 숨들을, 서로를 지키려는 진심을 믿
어야 하는 거잖아.

결국 우리는

도망가지 말라고, 비겁해지지 말라고

자꾸만 외쳐야 하게 된다.

이렇게 약한데

눈물이 많은데

마음 헛헛하고

자꾸 무너지는, 몸인데

아슬아슬한 말을 남기며 떠나지 말라고 외치고 있는데.

눈을 감았다 뜨면 아침이고 다시 웅성거리는 어둠
속에 있어.

이 탁한 날들도 위로가 되는 거라면

이 먹먹함도 결국은 다 끌고 갈 수 있는 거라면

조금은 더 편히 있어줄래?
조금은 더, 환했던 여름과 겨울의 안았던 품들을 갖
가지 색깔의 잎들을
서로를 찍어주던 카메라를, 잡았던 손을
기억해줄래?

이런 말을 쓰는 건 사랑한다고 말하려고.
자꾸만 커지는 사랑을 조금도 흘리지 않고
전하려고. 부족한 거 아는데, 꼭 그렇게 되는 거, 기
도해도 되는 것이잖아.

아참, 전에 네가 두고 간 후 못 찾아간 외투가
공원에 아직 있더라.
그거 우리가 주워뒀어. 따뜻해서 내가 잠시 입기도

했고.

너의 온기인지, 그 옷을 걸쳐 본 서로의 온기인지.

올해는 겨울이 너무 빨리 찾아왔네.

아니면 혹시 말해줄래? 돌려줄 방법이 있는지.

겨우내 입고 있던

네 옷이 해지다 찢어지기라도 하면, 네 옷을 빌린 적
있는 사람들이

꿰매두고 있으면 되는 거지?

2024년 12월 24일, 저는 부산 가덕도에서 신공항이 건설된다면 없어질 가덕도의 숲과 메워질 바다를 보았고, 낙동강 하구의 철새들을 보았습니다. 나무들을 껴안았습니다. 친구들과 함께, 그리고 활동가분들과 함께 가덕도 바다에서 조약돌과 파도가 내는 잘그락거리는 소리를 들었습니다. 그리고 며칠 후인 12월 29일, 무안공항에서 발생한 제주항공 여객기의 참사 소식이 들려왔습니다. 너무 두려웠고, 내가 어떤 세상에 살고 있는 건지 혼란스러움이 컸습니다. 이후 용산 대통령 집무실 앞에서 가덕도신공항 건설 반대 피케팅에 종종 참여하면서, 무안공항 제주항공 여객기 참사 유가족분들의 피케팅 현장 곁에 서 있던 적이 몇 번 있습니다. 시를 쓰는 것이 제게 하는 말이자, 단단한 위로의 말이자, 사회에 요청하는 약속의 말이 되도록 쓰고 싶었는데, 어려웠습니다. 피케팅 때 뵀던 유가족분들을 많이 떠올렸습니다.

왜 새 떼들에게 책임을 돌리나요

송경동

멈춰요

왜 죄 없는 새 떼들에게 책임을 돌리나요
왜 고단했던 조종사에게 책임을 돌리나요
왜 말단 공무원, 노동자들에게 책임을 돌리나요

멈춰요

이윤보다 생명과 안전이 중심이면 안 되나요
활주로는 2,800미터보다 훨씬 길면 안 되나요
새 떼들의 서식지를 뺏어 굳이 공항을 세워야 하나요
관제사와 안전요원과 장비는 더더더 충분하면 안 되나요
항공기와 항공사는 충분히 쉬면서 일하게 하면 안
되나요
항공기 제작 시 안전을 위한 비상수단이 더 많아지
면 안 되나요

멈춰요

KTX로 두 시간이면 전 국토가 연결되는
이 조그만 땅에 공항이 15개, 그중 유령공항이 11개
그런데 신규 건설 계획이 또 10개군요
모두의 안전과 필요는 뒷전
정치꾼들과 건설토호들의 이윤만 앞전이군요
그 뒷전에서 또 누가 죽어가든 상관없군요

멈춰요

진정한 추모와 애도가 중심이 아닌
진정한 반성과 되돌림이 아닌
적당한 진상규명과 립서비스
179명의 억울한 죽음을 어서 빨리 덮으려는
또 다른 참사를 당장 멈춰요

2024년 12월 29일 무안공항 제주항공 여객기 참사 소식에 무너진 무겁고 어두운 마음을 안고 집을 나섰다. 며칠 뒤인 12월 31일부터 해가 바뀌는 1월 1일까지 1박 2일 동안 '내란수괴 없는 2025년을 위한 매봉산 산행'을 예정하고 있었다. 매봉산은 윤석열 관저가 위치한 작은 산이었다. 주권자가 나서서 내란의 지속과 그 수괴 집단의 무장을 즉각 해제시키겠다는 뜻이었다. 긴 회의 끝에 12·29 무안공항 제주항공 여객기 참사 희생자분들과 유가족들에게 충분한 애도의 마음을 전하고 그 아픔에 함께하기 위해 계획을 전면 취소키로 했다. 모든 게 아득해지는 날이었다.

······시간이 훌쩍 지나 2025년 9월 11일 서울행정법원 앞에서 참사 유가족들이 또 다른 참사를 불러 올 새만금신공항 기본계획 취소를 요구하고 있었다. 문정현 신부님과 평화바람 등 전국의 시민들과 함께한 '새·사람들의 전국행진'을 마치고 이제 막 서울행정법원 앞에 도착한 길이었다. 예비타당성조사조차 면제된

새만금신공항은 조류 충돌 위험이 무안공항보다 몇 배나 높았다. 그날, 모두의 예상을 깨고 재판부는 십수 년을 끌어온 새만금신 공항 기본계획 전면 취소를 판결했다. 유례없이 사법부가 국가정 책 사업에 제동을 건 기적 같은 일이었다. 서로를 껴안고 울던 사 람들. 179명의 무안공항 제주항공 여객기 참사 희생자분들의 넋 이 이룬 눈물겨운 일이었다.

아직 진정한 진상 규명과 추모와 애도의 시간은 끝나지 않았 다. 죽은 자들이 산 자들을 살려주는 일이, 산 자들이 죽은 자들 을 다시 살려내야 하는 일들이 아직 많이 남아 있다.

마중

맹재범

입국장 문은 열리지 않았다
폐쇄해야 할 것은 문이 아닌데
무책임과 거짓과 무관심에
붉은 경고문을 붙여야 하는데
슬픔은 너무 오래 방치되고
곳곳에 우리의 재회를 방해하는 것들이
높은 둔덕을 쌓고 있다 성벽처럼 단단한
저 둔덕 위에서 노려보고 있다 지켜보고 있다
단단한 성벽
오래된 성벽
풍경인 척 순응하고 망각하게 만드는
얼마나 비겁한 성벽인가

그러나
단단한 슬픔은 벽보다 묵직하다
밀어야 열리는 문

온몸으로 밀어야 하는 문
아교처럼 슬픔을 엮어 밀어야 하는 문
너무 지연된 약속이지만
기다리는 사람들이 있어서
약속은 아직 유효하다

부딪쳐서 활짝 열자
하루도 잊을 수 없는 얼굴들이 있어서
우리의 슬픔은 단단하다
굳게 닫힌 입국장 문이
슬픔의 힘을 견디지 못하고 열릴 때까지
우리는 여전히 마중하는 중이다

그해는 돌아오지 않겠지만 12월 얼어붙은 겨울은 매년 돌아와서, 또 너무 까마득했던 바다의 봄과 비 많이 오던 여름과 축제였어야 할 가을이 우리의 달력 속에서, 슬픔이 슬픔 위에 얹어져서 우리는 계절의 다른 이름을 갖게 되었다.

천국에는 계절이 없겠지. 다시 오는 슬픔이 없겠지. 없어야지. 아이들과 갓 어른이 된 아이들과 아이의 손을 잡은 어른들과 끌어안은 연인들의 천국에는 바다도 좁은 골목도 커다란 둔덕도 없어야지.

다만 우리에게 자꾸 계절은 돌아와서, 봄 여름 가을 겨울 단 하루도 잊을 수 없는 얼굴들이 있어서 모든 계절이 슬픔이다. 봄꽃도 여름 들판도 가을의 붉은빛과 겨울 눈송이들도 울고 있는, 모든 계절이 슬픔이다.

그러나 슬픔의 힘을 믿는다. 우리의 슬픔이 무책임과 무사안일과 무관심과 거짓들을 깨고 우리의 사랑들을 이 땅에 안전히 착륙할 수 있게 하리라 믿는다. 더 이상 이런 참사는 없게 하리라 믿는다. 그때까지 우리는 잊지 않고 있어야 한다. 약속은 아직 깨지지 않았다.

우리들은 슬픔의 팻말을 들고 여전히 입국장 앞에 서 있다.

붉은 제라늄

천수호

가는 털을 가진 줄기가
새의 발목이 된다는 전설이 있었다
새소리는 붉은 제라늄을 뜯어먹고
어룽거리는 그늘을 토해내며
다시 제라늄으로 내려앉는다
그 전설을 좇아 위태로운 항로가 하늘 위에 놓였다
항로의 끝
사과, 호두, 복숭아나무 사이
미처 맺지 못한 열매의 시간들이 흔들리고
아직 종아리가 튼실한 젊은 꿈들은
어디쯤 내려앉았을까
완성되지 못한 태양의 섬모는 녹슬어가고
무엇을 태울지 잊은 비행체는
낡은 드릴, 녹슨 톱날,
펜치와 망치 사이에 엉킨 거미줄처럼
축 늘어져 있다

길을 잘못 든

검은 새 한 마리

까만 눈알을 굴리며

179개의 이름 위를 종종거린다

이미 양손이 놓아버린

당황한 날개가 먼지를 일으킬 때

새로 도는 동력처럼

낯익은 드릴 소리가 울린다

이건 기억일까 아니면 환청일까—

고개를 내젓는 사이

어떤 잎은 떨리고

어떤 잎은 굳어 고요하다

삶의 질문과 대답을 잠시 잊고

한 마리의 새가

갇힌 방의 출구를 무사히 찾을 때까지

가만히 숨을 고른다

신문을 펼쳐두고, 커피는 식고,

햇살은 뜨거워지고, 바람도 다녀가고—

이토록 사소한 하루

헝클어진 신발들 사이로

못 다 뜯어먹은 붉은 제라늄 꽃잎 틈을

멀리 걸어온 한 평생의 시선이 건너간다

다시는 시작할 수 없는 작업처럼

눈이 보내는 빛과

손이 내려놓은 연장들은

이 세상에서 가장 먼 거리를 향해 놓인다

그리고, 두 손 합장

　　우리도 그날 함께 뜨거웠다. 화염 속의 그들은 드릴과 톱날에 쓸리는 고통과 함께 연소되었다. 어떤 전설처럼 희미하게 떠돌던 위험을, 새들이 꽃잎을 뜯어 먹는 소리로만 여겼던 인재人災의 현장, 그 붉은 폭발의 날을 잊을 수 없다. 가는 털을 가진 줄기가 새의 발목으로 내려앉은 붉은 제라늄을 들여다보며 두 손 합장하여 그들의 명복을 빈다.

이백십사백칠십구*

김명기

　그때 나는 섬에 들어 일출봉 바라보이는 성산, 터진목에서** 무자년과 기축년에 맥없이 묶여 와 죽은 사람들의 이름을 짚어보고 있었다 섬은 오랫동안 가없는 바다를 향해 죽임을 당한 사람들의 붉은 핏값으로 겨우 버티는 것이라고 생각했다 각인된 학살의 네크로님 necronym***을 손가락 끝으로 읽어 내려갈 때, 그리 멀지 않은 곳에서 섬 이름 선명한 날개가 생사의 길목을 더듬다가 끝내 불길이 되었다는 것을 알지 못한 채, 감은 눈으로 전할 수 없는 간구의 마음을 애써 붙들고 오래 전 죽임이 된 섬 사람들을 생각했다 겨울 섬 거친 바당같이 수없이 미어터진 마음들이 이내 섬의 이름 아래로 또 밀려올지 몰랐다 그 저녁 나는 다시 터진목에 나와 캄캄한 바당을 짐승처럼 돌아다녔다 도대체 이게 뭐냐고 어떻게 이럴 수 있냐고 열광하던 사람들의 일생이 한순간에 끝나버린 것에 대해 겨울바람 멱을 잡고 따져 물었다 터진목은 터진 길목이라는데 이 섬의 이름은 왜

자꾸만 비참과 불길을 끌어안고 있는가 아침에는 오래
전 사람들을 저녁에는 어제의 사람들을 슬퍼하는 것 말
고는 아무것도 할 수 없었다 달빛도 없는 캄캄한 밤이
될 때까지 눈물에 새겨진 이름 앞을 서성이며 몸서리치
는 몸을 가누지 못하고 각혈하듯 쏟아내고 있을 섬 바
깥, 한 번도 만난 적 없는 사람들을 생각했다

*　1947년과 1948년 성산면 터진목에서 학살당한 214분의 제주 4·3
　희생자와 2024년 12·29 무안공항 제주항공 여객기 참사로 희생
　되신 179분을 추모하는 숫자.

**　성산 일출봉이 오롯이 보이는 터진목은 제주 성산면 일원의 학살
　장소다. 희생자들을 기억하기 위해 눈물 모양으로 만들어진 해원
　의 문이라는 조형물에 그곳에서 학살당한 214분의 이름이 새겨져
　있다.

*** 그리스어로 죽은 사람의 이름을 뜻한다.

　　참사가 나던 시간 나는 제주 성산면 터진목 해원의 문
에 새겨진 4·3 희생자 214분의 이름을 손으로 만지고 있었다. 해
원의 문은 터진목 일원에서 학살당한 분들을 기억하기 위해 눈물
모양으로 만들어진 조형물이다. 그리고 얼마 지나지 않아 12·29
무안공항 제주항공 여객기 참사 소식을 접했을 때 섬의 이름이
너무 비극적이라는 생각이 들었다. 그날은 온종일 내가 한 번도
만나지 못한 사람들의 죽음을 슬퍼했다.

그날, 폭발음이 있었다

이명윤

어느 날 문득 전화가 왔다
그날 사고로 죽은 이들을 위한
추모 시를 보내줄 수 있냐고
고교생 수학여행을 해외로 보낼
계획서를 만들고 있던 오후였다
179명이나 하늘로 데려갔는데
아무런 일 없다는 듯
구름은 한가하고
공항은 북적이던 날이었다
하늘을 까맣게 잊고 있었는데
땅의 목소리로 물어왔다

며칠 뒤 김해를 지나는데
커다란 굉음을 울리며
비행기가 낙하하고 있었다
길게 이어진 창문마다

우는 얼굴이 달라붙어 있었다
가족들이 기다리는데
지상은 이제 안전하냐고,
다시 살고 싶은 목소리로
그들이 전화를 걸어왔다

그날, 활주로가 있었고
그날, 콘크리트 둔덕이 있었고
그날, 무서운 폭발음이 있었다
그날 당신도 나도 있었는데
우리는 왜 새처럼 잊고 살까
살고 싶다, 사랑한다,
화염 속에 울부짖었을
마지막 말과 눈빛이 두려워
우리가 만드는 지옥이 무서워
먼 하늘로 고개를 돌렸지만

폭발음이 그치지 않았다

폭발음이 그치지 않았다

우리는 아픈 상처가 많습니다. 세월호가 그랬고 이태원이 그랬고 무안공항이 그랬습니다. 언젠가부터 우리 가슴속에 지옥이 살고 눈물이 살며 사막이 살아갑니다. 그러니 집마다 꽃을 심어야지요. 사람과 기억은 꽃입니다. 사람이 사람에게 꽃이 되어 해마다 잊지 않고 세상의 창가에 피어나기를. 더 이상 하늘이 무너지는 절망과 슬픔과 후회를 반복하지 않기를.

족보 있는 슬픔

서효인

본적은 무안이다. 족보는 아파트 분리 배출일에 읽다 만 잡지와 묶어버렸다. 무안의 하늘은 높다. 서쪽에 바다가 있고 더 서쪽에 섬들이 있다. 적갈색 땅에서 잘 자라나는 것이 많다. 이후로 무안에 가지 않는다. 그 위를 선회하는 새들도 있을 것이었다. 족보는 아무래도 구한말에 사서 들인 것 같다. 그렇지 않고서야 조부가 문맹일 리 없다. 그는 평생 몸으로 일하다 심근경색으로 떠나 선산에 묻혔다. 몇 해 전 산이 팔리자 부는 그의 유골을 수습해 목포 앞바다에 뿌려버렸다고 말했다. 그날 부는 경기 남부 한 병원 응급실에 입원했다. 거기에도 서쪽은 바다이며 더 서쪽에는 섬이 있는데, 나는 수납 창구 기둥에 달린 텔레비전으로 조부와 부와 나의 본적을 보았다. 세상엔 슬프지 않으려 애쓰는 사람들이 천지다. 하늘과 땅 사이가 이렇게나 멀었다니, 안 그랬으면 좋았을 텐데, 그러한 일로 슬퍼할 틈이 없다. 관절 수술 후유증으로 부는 시름시름 앓았다. 아픔과 슬픔은 어떻게 다른가. 나는 호적등본을 볼 때마다 그것을 착각하거나 오해했다. 병실에 부를 남겨두고 돌아와 며칠을 안부 전화 없이 그저 고향 사람들을 생각했다. 그들의 부와 조부를, 그들의 본적과 그 본적의 서쪽에 있을 섬이나 갯벌이나 황토지 같은 것들을, 하늘과 땅 사이를 곰곰 생각했다. 딱 그만큼 거대하고 복잡한 슬픔이 그제야 찾아와 새 족보를 내밀었다. 나는 난생처음 족보라 하는 걸 공손히 펼쳤다. 모르는 글자가 새겨져 있었다. 이제 그것들을 배워야 할 참이었다.

　　정말로 본적은 무안이다. 지금 사는 데는 파주다. 모두 서쪽에 바다를 두고 있다. 그 바다에서 땅까지가 멀다. 땅에서 땅도 멀다. 가끔 꽉 막힌 고속도로에 갇혀 있을 때 그 멂을 체감한다. 그 머나멂이 괴롭기도 했다. 감히 그것더러 고통이라 할 수 있을까? 겨울이었다. 가까운 행복복지센터에 마련된 분향소에 들러 잠시 묵념하고 광화문에 나가 소리 질렀다. 행복복지센터라는 말이 이상했다. 겨울이 지나 다음 겨울이 왔는데 그사이에 슬픔을 감히 까먹었다는 사실이 더욱 이상함을 깨닫는다. 그 잊음 두려워 몸을 떤다. 복잡한 슬픔은 족보보다 긴밀히 연결되어 있다. 그 연결이 우리의 핏줄이다. 우리의 공간이다. 우리의 우리다. 우리는 그 연결을 처음부터 다시 배워야 할는지도 모르겠다. 본적을 찾듯이, 제 집으로 돌아오듯이.

푸른 리본 두 가닥을 꼬리로 달고

안수현

너는 연을 날리러 간다고 그랬다
너는 믿을 수밖에 없는 사람이다

네 눈에 담겼을 연의 궤적을 그려보며
우리 추억이 마음껏 춤을 추도록 둔다

바다 빛깔 연에 정성껏 묶어주었던
깊은 마음, 인연이란 질긴 실
너를 지켜봐온 시간보다 멀리까지도
선명하게 뻗어나가기를 바랐던

내 쪽에 남은 실을 꺼내어 다시 연을 잇는다
몇 달을 꼬박 몸속에 품어 물들여야
이렇게 붉은 빛깔이 나오는데
내가 너를 그렇게 사랑하는데

얼레를 어르고 달래며
오래 서 있다
곁에는 연 날리는 이들로 가득하다
저마다 그리운 얼굴을 그려 붙들고 있다

소중한 것은 멀리 있어도 소중한 것,
언제나 이어져 있는 것이기 때문에
부끄러워하지 말라고
죄스러워하지 말라고
그렇게 서로에게 되풀이하여 말해주며
등을 토닥이고 얼굴을 씻어내리며

풀밭에 눕는다
바람 소리가 우리를 감싼다
오래도록 바다는 맑을 것이고

너를 사랑해서

너를 잊고 싶지 않아서 여기에 있다

무거워요.

모두가 무거운 마음을 가졌으면 좋겠는데

꼭 그렇지도 않은 것 같아 마음이 무겁습니다.

삶이 이렇게나 죄스러운 일이라는 것을 생각했습니다

힘들었습니다.

힘들다고 말하기가 더 힘들었습니다.

미안하다는 말이 무슨 뜻인지도 모르게 되었습니다.

그러나 다시 한번 믿어볼 수 있게 마음을 가다듬고

한 손에 펜을 듭니다, 언젠가는

다른 것을 들 수도 있을 것입니다.

잘린 필름, 잘린 사랑

권현형

볼 빨간 열매로부터 그들의 여행이
시작되었을 거다
크리스마스가 막 지나갔으므로
미리 씻어 온 달콤한 축복을 나눠 먹으며

발바닥이 땅에서 뜨는 순간 아득한 간지러움으로
떨리는 손을 심장을 서로 꼭 붙잡아줬을 거다
평생 노동으로 단련된 육신이지만 생애 첫 비행에는
한없이 여리고 서툴렀을
어른들의 세계가 잘린 필름처럼 보인다

망원경 없이도 잘 보이는 부서진 콘크리트 둔덕을
바라보고 있는데 늦여름 노랑나비가 가까이서 아른
댄다
한 마리 나비의 환영 같은 기척도 저리 선명한데
다 헤아릴 수 없는 뼈라니 온 생애라니

철모르는 새 군단의 습격을 받아 복행하는 동안
악마의 혀처럼 짧은 활주로로 비상 착륙하는 동안
피 마르는 9분이 90년처럼 100년처럼 여겨졌을 거다

그리고 동체가 가까스로 지상의 바닥에 닿는 순간
지옥과 천국을 오간 기분을
옛이야기로 여기며 안전벨트를 풀 준비를 했을 거다
모두가 다 왔다고 생각했을 때 철근이 박힌 콘크리
트 둔덕이

나쁜 권력의 정강이처럼 이마처럼 기다리고 있었다니!
누가 설계했는가, 쉽게 무너지지 않도록 방위각 시
설을
높이 세운 콘크리트 뇌가 악마의 뇌다
다 잃었다는 말이다, 다 빼앗았다는 말이다
혈통에서 혈통으로 이어지는 끈질긴 사랑을 빼앗고

홀로 남은 사람들에게 슬픔을 빨리 먹어 치우라고 한다
쓰라린 고통을 아이스크림처럼 녹여 없애 치우라고 한다
신고 나간 줄무늬 양말을 벗어버리듯 책무를 벗어버
리기 위해

살고 싶은 대로 칼로 손금을 새기며 살아온 사람들을
운명의 덫에 가두지 마시길, 운명이라고 말하지 마시길
관행과 안일과 방심과 자본에 대한 욕망이 칡넝쿨로 엉켜
침묵과 합세해 설계한 복합적 죽음이다

오늘따라 텅 빈 무안 하늘의 구름이 풍성하다
오늘 구름에는 혈흔이 있다, 눈물이 만져진다
다 잃은 사람들이 비바람의 얼굴로 재의 얼굴로
머리 위 179개의 구름에 시간을 의탁하고 있다

설령 책임진다고 해도 내밀하게 가고 싶었던 길,

미처 캐지 못한 열망의 잔뿌리까지 책임질 수 없다
닭가슴살 한 조각만을 매끼 먹으며
키우고 싶었던 아름다운 근육
아무것도 아니나 모든 것이었던 다리
두 다리로 아등바등 지탱했던 아침과 저녁을

그리고 내일을
돈으로도 명예로도 진실로도 다 책임질 수 없다
가버린 자와 남은 자의 서글픈 열망을 무슨 수로 보
상하나
여기에서 사랑할 수 없음을, 잘린 사랑을 무슨 수로
보상하나

표류하는 책임들.

무안공항에서 '남아 있는 가족'들을 만나고 집으로 돌아오는 길, 기차 안에서 갑자기 눈물 둑이 툭 터졌다. 늦가을 비 같은 얼굴로 마른 모래 같은 얼굴로 책을 잘 만들기 바란다고 간곡히 부탁하던 순간이 생각나서였다. 아무것도 없는데 책이 무슨 소용 있나 싶기도 했다. 그러나 추모의 글을 쓰기 위해 찾아보았던 인터뷰 자료 중 하나가 떠올라 그들의 마음자리가 정확히 되짚어졌다. 참혹한 현장을 온전히 수습하고 돌려주는 게 자신들의 임무라던 무안공항 파견 소방관의 말처럼 신체 조각만이 아니라 갈기갈기 찢어져 미궁 속에 놓인 사고의 인과도 잘 수습해서 돌려주는 게 죽음에 대한 예의, 공동체에 대한 예의라는 생각이 들었다.

새 떼처럼 표류하는 책임들을 정밀히 추적하고 밝혀야 한다. 다시는 이런 손실이 일어나지 않도록 모두가 애써야 한다. 방치한 모두가 악인이라는 뼈아픈 후회가 필요하다. 관계자들이 방위각 시설에 대한 문제의식을 공유했다는 게 문서로 남아 있다.

2007년 무한공항이 개통될 무렵 '한국공항공사'가 국토부에 보낸 시설보완 요청 사항이 문건으로 존재한다는 것이다. 로컬라이저 둔덕 존재의 위험성과 활주로 종단 안전 구역 길이 부족의 위험성을 분명히 적시한 내용이었다. 걱정하는 목소리를 경청하고 문제가 해결될 때까지 끝까지 노력하는 책임자가 몇 명만 있었더라도 179명이 희생당하는 일은 없었을 것이다.

콘크리트 구조물만 문제가 아니라 관련 책임자들의 콘크리트 발상이 문제다. 시멘트와 모레와 자갈로 뒤덮여 굳어가는 영감과 공감력이 문제다. 콘크리트 둔덕은 로컬라이저 내에만 있는 게 아니다. 지리멸렬하게 시간을 끄는 진상 규명에 남은 가족들은 지쳐가면서도 혈육들을 하늘에서 만날 때 떳떳하게 볼 각오로 견디고 있다. 죽은 자에 대한 산자의 윤리는 처연하다. 인간을 포기하지 않으려 애쓴다. 빨리 잊으라는 비정은 짐승에게나 던져주고 표류하는 책임들을 바로 거두길 바란다.

메이데이_{Mayday}

오하린

방콕발 항공기가 허공 중에 몸부림치다가
랜딩기어도 없이 몸체 그대로 미끄러진 무안공항 속
보가 화면을 채우던 날

그날은 음력 십일 월 그믐날 아침이었다
사리의 시간이 펼쳐진 갯벌에는 겨울 철새들 먹이를
찾아 날고 있었다

겨울 하늘을 날던 한 무리의 새 떼들 엔진 속으로 빨
려들었다
버드스트라이크, 버드스트라이크 관제탑으로 기장
의 외침이 들리고 다급하게 뜯어진 보잉 737기종의 운
영 매뉴얼이 바람에 나뒹굴었다

거대한 동체를 받아줄 스폰지 둔덕은 없었다
부드러운 흙으로 채워지지 않은 단단한 콘크리트,

그것은 죽음의 벽이 되어

　참혹하게 동체를 태우고 집으로 돌아오는 사람들을
형체도 없이 지워버렸다

　산산조각 난 섣달 아침,
　채워지지 않은 질문들이 난무하고
　우리는 서러운 죽음을 눈물로 사유했다

　영영 돌아올 수 없는 곳으로 떠나간 이름 위에 차례
차례 흰 것이 덮였다
　그것은 백일흔아홉의 주검이었다

　시간이 멈춰 선 무안공항에는
　사랑하는 이를 잃고 살아갈 지옥 같은 생이 두려워
　슬픔의 힘으로 버텨온 옹이진 어깨가 휘어지고 있었다

세상에 남겨진 사람들은 옷고름으로 검은 슬픔을 오래도록 닦는다

　　2024년 12월 29일, 일요일의 평온이 깨졌다. 계엄의 충격에 다시 고통이 더해졌다. 종일 발바닥에서는 식은땀이 흐르고 눈물만 흘렀다. 검은 연기가 치솟고 불에 타는 동체를 보며 미어지는 가슴을 붙잡고 발만 동동 구르며 생존자 소식을 들으려 티비 앞을 서성거렸다. 꼬리에서 구조된 승무원 두 명 외에 더 이상의 생존자는 없었다. 집으로 돌아가지 못하는 주검들 훼손은 심각했고 현장에 파견된 검시관은 희생자들의 고통이 손끝에 전해졌다고 눈물로 말을 잇지 못했다. 이것은 충분히 막을 수 있는 사고였다. 거대한 자본이 만든 인재였다. 삶이 너덜거리기 시작했다. 그래서 잊고 싶었다. 미끄러지듯 그만 시간을 지나가고 싶었다. 몸도 마음도 아프기만 했으니. 그렇다고 마음이 편할 리 없었다. 무안으로 가고 싶었다. 외롭게 폭염을 견디며 남아 있는 유족들은 아직 이별을 말하지 않았다. 한 번 더 사랑한다는 말을 하지 않았던 후회만 쓸쓸하게 펄럭이고 있었다.

헌화가를 부르지 못하네

박남준

꽃씨들이 퍼져 나가
세상을 곱게 물들이듯 이라 썼다
꽃물 든 당신의 손을 눈여겼는데
늙고 두껍게 찌든
오래전 노동이 해고된 손톱에
비틀, 낮달이 오르다 쓰러진다

그물에 걸리지 않는 바람처럼*
먼 하늘을 돌아오는
내 마음의 종이비행기처럼, 이라며
손을 모아 희망하기도 했다
불길에 갇혀 죽어간 찢어진
당신의 꽃말들이
슬픔에 싸여 쏟아진다

참담하다 아비규환 전쟁터다

아직도 나는 살아남아 있구나
바람 부는 날 그대 이마 위에
매화꽃 송이
향기로운 노래를 안기고 싶었는데

* 숫따니빠따.

비명에 간 주검들을 다시 소환하는 일은 참 고통스럽다. 20년 전 생명평화탁발순례를 다니며 이 땅 곳곳의 민간인 학살터마다 추모시를 지어 올릴 때도 그랬다. 추모제를 하기 전 미리 현장에 도착해서 간절하게 애써 귀 기울이면 무당의 접신처럼 원혼들의 슬픔이 밀려오고는 했다.

공항이 들어선 주변 환경도 문제투성이라는 것을 안다. 새 떼를 탓하겠는가, 콘크리트 방호벽에 죄를 묻겠는가, 우리 사회에 팽배한 안전 불감증, 도대체 얼마나 많은 억울한 죽음의 탑이 쌓여야 깨닫게 될까.

돌이 구르네

김안녕

돌이 구르네

삭풍이 불어오지 않아도
휘파람을 불지 않아도
끝내 당신이 돌아보지 않아도

쿠키처럼 바스락거리던 입자들 어느새 단단해져
돌이 구르네
돌이 구르네

인생이
몸에 안 맞는 옷 불평투성이 날씨 같다면야
흐리다 개었다 춥다가 덥고
그러다 다시
살아보자 할 수 있는 거라면야

망설임 없는 참혹

구르는 돌들

땅방울이 고드름으로 바뀌는 것은 순식간

핏방울은 번갯불

해변 위로 무지개 폭죽 터지네

춤추듯 돌이 구르네

이별한 겨울 서늘한 목덜미를 지나쳐

텅 빈 동공을 지나쳐

몸져누운 사랑 지르밟고

돌이 구르네

죄지은 얼굴들 심지어 아름다운 척

운동장에서
백사장에서
공사장에서
비행장에서
화장장에서
완벽한 텀블링!

사랑이 변하고 세월이 변하고
사람은 돌아오지 않는데

돌이,
주야장천 돌이 구르네

* 친구 지미양이 고등학교 때 쓴 시 〈돌이 구르네〉를 오마주.

이상했다. 햇빛도 비도 여름도 겨울도. 세상은 여덟 살 아이 눈에도 하나 예쁘지 않고 불공평했다.

자갈투성이 등굣길 같았다.

나아지고 있는가? 과연 세상은 나아졌는가?

참혹에 대해 말하고 싶었다. 무자비함에 대하여, 누군가의 입 김 하나로 망가져버리고 마는 안온, 평화, 궁극의 믿음에 대하여.

참혹 앞에서 대체 우린 무얼 할 수 있나.

눈을 감을 것인가?

내 스스로 돌덩이가 될 것인가?

돌을 집어 던진다면 어디를 향하여 던질 것인가?

누구도 속죄하지 않는 참사 앞에서 충혈된 얼굴들이 아직도 이렇게나 가득하기에. 끝나지 않는 질문들이 있어, 쓴다. 허공을 향하여 망망대해를 향하여.

무안務安에서

최지인

가창오리였대. 겨울 철새.

항공기 엔진에 빨려 들어가면 무엇이든지 죄다 으스러진다고 봐야지.

검은 연기 나고

속엣것이 활주로에 널브러져 있고……

숯덩이 보고 우리 딸이라는 거야. 손가락 하나 겨우 성했는데 아기 엄마랑 손톱 미용을 했었나 봐. 그걸 보고 알았지.

새 정부는 다를 거라 했는데

기다리라고만 해. 평생 기다려야 할 사람에게 계속 기다리라 하는 게 마땅키나 해?

인제 그만 나가달래.

개항해야 한다고

지역 경제 살려야 한다고

무너진 콘크리트 구조물을 철거하겠대.

모두 다 끝난 줄 알아.

왜 누구도 책임지지 않는 거야?

활주로 바깥에서 활주로를 바라보며, 남자의 말에 경청했다. 고개를 끄덕였다. 이따금 폭음경보기가 소리를 냈다. 누군가는 평생 그날 이후의 부재를 견뎌야 할 것이다. 모든 이야기는 부재의 그림자다. 미래는 과거와 관계 맺을 때 비로소 생겨난다. 우리가 지켜야 할 것은 남은 삶이다.

연면 連綿

유현아

어떻게 말할까

화분을 두 손에 들고 출근하는 날에는
그저 잠이 오는 곳으로 향하고 싶었다

흙이 가득한 12월의 화분을 기억하는 것은
침묵과 침묵 사이 달아나는 사랑을 좇는 일

뭘 해도 이상하지 않은 날들이 계속되고 있다
슬픔이 숨을 쉬지 않는 먼 곳에서 새들이 날았다
는 소식을 들었다

어떻게 말할까

편두통을 달고 다니는 사람 곁에 머물러본 적 있나요
통증이 시작되어야만 증명할 수 있는 사람들에 대한

위대한 시를 읽었을 때
우리도 슬퍼지고 싶지 않아,
우리도 그렇게 살고 싶지 않아,

꾸벅꾸벅 졸다가 같이 웃는 사람들처럼
자라나는 빛을 기다려 순식간에 스며들기

올라가는 사람과
올려보는 사람과

잠시 머물다 간 사람들 곁으로
꽃바구니를 들고 두 노인이 걸어온다

어떻게 말할까

난 변할 거야 검은머리갈매기처럼

여름에는 장엄하게

2025년 9월10일 저는 점심시간을 이용해 서울행정법원에 잠시 머물렀습니다.

새만금 신공항 기본계획 취소 소송 선고를 하루 앞두고 사람들은 기도하고 있었습니다.

사람들 사이사이 새들이 있었습니다.저는 검은머리갈매기에게 마음이 갑니다.

번식기가 되면 머리색이 검은색이 되는 멸종위기 새입니다.

처음부터 끊이지 않고 계속하여 이어진 상태라는 뜻의 '연면'이라는 단어를 떠올립니다.

서로를 환대하고 슬픔을 기억하고 애도로 이어지는 마음으로 기도했습니다.

이곳에 있었던, 그곳에 있었던, 닿지 않은 곳에 있었던, 숨 쉬는 모든 생명에게 자유로운 세상이 되기를,

익숙해질 수 없는 슬픔

김남극

오래 숲을 걸었습니다 길은 보이지 않다가 보이고 박새나 곤줄박이는 나를 따라오다 건너 능선으로 사라졌습니다 무심하다고 할까 고요하다고 할까 늙은 들메나무 아래를 지나다가 죽은 새를 만났습니다 작은 몸을 데우던 깃털이 온전하여 참 다행이라 생각했습니다

나는 모르는 사이에 수목장 묘지로 가고 있었습니다 초가을 햇살은 갈매나무 사이로 들었습니다 어린 소나무 한 그루가 부음처럼 다가왔습니다 고요가 소요인 수목장 묘지에 새들만 날아왔다가 떠났습니다 그뿐이었습니다

돌아설 수 없는 순간이 있습니다 돌아서면 잊거나 용납하거나 또는 사람 속에 묻어야 할 것 같아 돌아설 수 없는 순간을 맞았습니다 어느 출처가 기억나지 않는 묘비명 때문이었습니다

'네가 우리 곁에 있을 때는 가난했지만 행복하였는데, 네가 떠나니 가난만 남았구나'

가을볕을 거기에 두고 올 수 있어서 참 다행이었습니다 구절초 몇 송이도 난만하고 도랑 물소리도 발랄하니 영원히 익숙해질 수 없는 슬픔이 있다는 말을 잊을 수 있을 듯했습니다

일주문 앞 느릅나무 잎이 저녁과 함께 지는 날이었습니다

　　세월호 참사 때 글 한 줄 못 썼습니다. 참혹이 글 앞에 있었습니다. 그래서 자꾸 참혹한 일이 생기면 글보다 몸이 앞장서서 길을 나섭니다. 무안공항의 일도 그러했습니다. 죽음은 영원히 익숙해질 수 없는 슬픔이라는 걸 아는 데 많은 시간이 필요하지는 않았습니다. 기록보다 기억이 저 진실에 가깝다는 말을 자주 생각했습니다. 이 시대가 위로나 용기가 필요한 시대가 아니라서 더 아픈 날이 지나갑니다.

남은 자를 위한 기도문

박연준

죽음이 작은 종이 한 장이라면
날게 하소서

뒤집히는 종이 아래에서

누군가 아직 울고 있습니다

눈물은 슬픔이 고체이기를 포기한 상태

흐르는 고통은 죽음보다 맹렬합니다

사랑은 궁극의 가난*이오니
날아가야 한다면 가을 나뭇잎처럼
늙은 개의 한숨처럼
저녁 여덟 시 오십 분
골목을 휘젓는 비닐봉지처럼

가벼이

날게 하소서

죽음이 작은 종이 한 장이라면
기도하는 우리의 손바닥 사이에서
살게 하소서
죽은 자를 부르며 우리가 울 때
기도하는 손바닥 사이에서
그의 심장이 뛰게 하소서

소용없겠지만,
없을지라도

* 클라리시 리스펙토르, 《달걀과 닭》, 봄날의책, 2019, 17쪽.

슬픔으로 벽을 짓고

영원히
살게 하소서

처음에는 죽은 자를 위한 기도문을 쓰고 있었습니다. '시'라기보다는 아침이나 저녁 한때, 떠난 사람을 생각하며 혼잣 말처럼 읊을 수 있는 기도문이 되길 바랐습니다. 쓰다 보니 기도 가 남은 사람들, 엎드려 통곡하다 지친 사람의 무릎 옆에 놓여도 좋겠다는 생각이 들었습니다. 떠난 자의 안부를 알 길이 없고, 남 은 자의 슬픔을 다 헤아릴 수 없을 테지만……

소용없겠지만. 없을지라도.

마음을 기울이겠습니다.

참
여

시
인

고영서 2004년 《광주매일》 신춘문예로 작품 활동을 시작했다. 시집으로 《기린 울음》, 《우는 화살》, 《연어가 돌아오는 계절》 등이 있다.

권민경 2011년 《동아일보》 신춘문예로 작품 활동을 시작했다. 시집으로 《베개는 얼마나 많은 꿈을 견뎌냈나요》, 《꿈을 꾸지 않기로 했고 그렇게 되었다》, 《온갖 열망이 온갖 실수가》가 있다.

권창섭 2015년부터 작품 활동을 시작했다. 시집 《고양이 게스트하우스 한국어》, 《우리 그런 말 안 써요》가 있다.

권현형 1995년 《시와시학》으로 작품 활동을 시작했다. 시집으로 《포옹의 방식》, 《아마도 빛은 위로》 등이 있다.

김남극 2003년 《유심》으로 작품 활동을 시작했다. 시집으로 《하룻밤 돌 배나무 아래서 잤다》, 《이별은 그늘처럼》 등이 있다.

김남주 유가족 친척. 명지대학교 대학원 문예창작과에서 공부했다.

김명기 2005년 《시평》으로 작품 활동을 시작했다. 시집으로 《돌아갈 곳 없는 사람처럼 서 있었다》 등이 있다.

김성백 2018년 《시현실》로 작품 활동을 시작했다. 시집으로 《그늘혼》 등 이 있다.

김수열 1982년 《실천문학》으로 작품 활동을 시작했다. 시집으로 《호모 마스크스》, 《날혼》 등이 있다.

김안녕 2000년 《실천문학》으로 작품 활동을 시작했다. 시집으로 《우리는 매일 헤어지는 중입니다》, 《사랑의 근력》 등이 있다.

김윤미 유가족. MBC 〈실화탐사대〉 방송 작가. 영상콘텐츠를 기획한다.

김은지 2016년 《실천문학》으로 작품 활동을 시작했다. 시집으로 《책방에 서 빗소리를 들었다》, 《고구마와 고마워는 두 글자나 같네》, 《여 름 외투》, 《아주 커다란 잔에 맥주 마시기》가 있다.

김해자 1998년 《내일을 여는 작가》로 작품 활동을 시작했다. 시집으로 《축제》, 《집에 가자》, 《해자네 점집》, 《니들의 시간》 등이 있다.

김현 2009년 《작가세계》로 작품 활동을 시작했다. 시집으로 《장송행

진곡》, 《다 먹을 때쯤 영원의 머리가 든 매운탕이 나온다》, 《호시절》, 《글로리홀》 등이 있다.

맹재범 2024년 《경향신문》 신춘문예로 작품 활동을 시작했다.

박남준 1984년 《시인》으로 작품 활동을 시작했다. 시집으로 《어린 왕자로부터 새드 무비》, 《적막》 등이 있음.

박두규 1985년 《남민시南民詩》 창립동인으로 작품 활동을 시작했다. 시집으로 《은목서 피고 지는 조울躁鬱의 시간 속에서》, 《가여운 나를 위로하다》 등이 있음.

박연준 2004년 '중앙신인문학상'을 받으며 작품 활동을 시작했다. 시집으로 《밤, 비, 뱀》, 《사랑이 죽었는지 가서 보고 오렴》 등이 있다.

배수연 2013년 《시인수첩》으로 작품 활동을 시작했다. 시집으로 《조이와의 키스》, 《가장 나다운 거짓말》, 《쥐와 굴》, 《여름의 힌트와 거위들》이 있다.

서효인 2006년 《시인세계》로 작품 활동을 시작했다. 시집으로 《여수》, 《나는 나를 사랑해서 나를 혐오하고》, 《거기에는 없다》 등이 있다.

송경동 2002년 《내일을 여는 작가》와 《실천문학》을 통해 작품 활동을 시작했다. 시집 《꿀잠》, 《사소한 물음들에 답함》, 《나는 한국인이 아니다》, 《꿈꾸는 소리하고 자빠졌네》, 《내일 다시 쓰겠습니다》 등이 있다.

안수현 2025년 《경향신문》 신춘문예로 작품 활동을 시작했다.

오하린 2006년 《사람의 깊이》로 작품 활동을 시작했다. 국립순천대학교 여순1019 연구소 연구원으로 활동 중이다. 시집으로 《12월의 버스 정류장》, 《내일이면 산벚꽃 환해지겠다》가 있다.

유병록 2010년 《동아일보》 신춘문예로 작품 활동을 시작했다. 시집으로 《목숨이 두근거릴 때마다》 《아무 다짐도 하지 않기로 해요》가 있다.

유현아 시집으로 《아무나 회사원, 그밖에 여러분》, 《슬픔은 겨우 손톱만큼의 조각》이 있다. 그 외 우정 시집 《우리는 서로를 펼치고》, 청소년 시집 《주눅이 사라지는 방법》, 미술에세이 《여기에 있었지》

를 냈다.

윤은성 2017년 《문학과사회》로 작품 활동을 시작했다. 시집으로 《주소를 쥐고》, 《유리 광장에서》가 있다.

이도우 2015년 '진내일문학상'을 받으며 작품 활동을 시작했다. 시집으로 《서로의 우는 소리를 배운 건 우연이었을까》가 있다.

이명윤 2007년 《시안》으로 작품 활동을 시작했다. 시집으로 《수화기 속의 여자》, 《수제비 먹으러 가자는 말》, 《이것은 농담에 가깝습니다》 등이 있다.

이문재 1982년 《시운동》으로 작품 활동을 시작했다. 시집으로 《내 젖은 구두 벗어 해에게 보여줄 때》, 《산책시편》, 《제국호텔》, 《지금 여기가 맨 앞》, 《혼자의 넓이》 등이 있다.

이설야 2011년 《내일을 여는 작가》로 작품 활동을 시작했다. 시집 《우리는 좀더 어두워지기로 했네》, 《굴 소년들》, 《내 얼굴이 도착하지 않았다》가 있다.

이소연 2014년 《한국경제신문》 신춘문예로 작품 활동을 시작했다. 시집으로 《나는 천천히 죽어갈 소녀가 필요하다》, 《거의 모든 기쁨》, 《콜리플라워》가 있다.

이원규 지리산 28년 차, 시를 쓰며 사진을 찍고 있다. 시집으로 《달빛을 깨물다》, 《행여 지리산에 오시려거든》(육필시집) 등이 있다.

이지호 2011년 《창작과비평》으로 작품 활동을 시작했다. 시집으로 《말끝에 매달린 심장》, 《색색의 알약들을 모아 저울에 올려놓고》 등이 있다.

임승유 2011년 《문학과사회》로 작품 활동을 시작했다. 시집으로 《아이를 낳았지 나 갖고는 부족할까 봐》, 《그 밖의 어떤 것》, 《나는 겨울로 왔고 너는 여름에 있었다》, 《생명력 전개》가 있다.

정미주 2023년 《현대시》로 작품 활동을 시작했다.

정우신 2016년 《현대문학》으로 작품 활동을 시작했다. 시집으로 《비금속 소년》, 《홍콩 정원》, 《내가 가진 산책길을 다 줄게》, 《미분과 달리기〉가 있다.

천수호 2003년 《조선일보》 신춘문예로 작품 활동을 시작했다. 시집으로 《아주 붉은 현기증》, 《우울은 허밍》, 《수건은 젖고 댄서는 마른다》가 있다.

최지인 2013년 《세계의 문학》으로 작품 활동을 시작했다. 창작동인 '뿔'로 활동 중이다. 시집으로 《나는 벽에 붙어 잤다》, 《일하고 일하고 사랑을 하고》, 《당신의 죄는 내가 아닙니까》가 있으며 동인 시집 《한 줄도 너를 잊지 못했다》, 《너는 아름다움에 대해 생각한다》를 냈다.

한여진 2019년 《문학동네》로 작품 활동을 시작했다. 시집으로 《두부를 구우면 겨울이 온다》가 있다.

황인찬 2010년 《현대문학》으로 작품 활동을 시작했다. 시집으로 《구관조 씻기기》, 《희지의 세계》, 《사랑을 위한 되풀이》, 《여기까지가 미래입니다》, 《이걸 내 마음이라고 하자》가 있다.

보고 싶다는 말

©고영서 권민경 권창섭 권현형 김남극 김남주 김명기 김성백
 김수열 김안녕 김윤미 김은지 김해자 김현 맹재범 박남준
 박두규 박연준 배수연 서효인 송경동 안수현 오하린 유병록
 유현아 윤은성 이동우 이명윤 이문재 이설야 이소연 이원규
 이지호 임승유 정미주 정우신 천수호 최지인 한여진 황인찬, 2025

초판 1쇄 발행 2025년 12월 29일

기획 한국작가회의 시분과위원회
펴낸곳 (주)안온북스
펴낸이 서효인 · 이정미
출판등록 2021년 1월 5일 제2021-000003호
주소 서울시 마포구 월드컵로14길 28 301호
전화 02-6941-1856(7) 홈페이지 www.anonbooks.net
인스타그램 @anonbooks_publishing
디자인 오혜진 제작 영신사
ISBN 979-11-92638-80-5 (03810)